U0007093

孩子的情緒管理繪本

趕走生氣怪獸

我ㄨㄛˇ是ㄕˋ小ㄒㄧㄠˇ怪ㄍㄨㄞˋ獸ㄕㄡˋ。

文·圖 / 紡爸爸 tsumupapa

監 修 / 日本憤怒管理協會

翻 譯 / 游珮芸

在怪獸的世界裡，
大家都很愛生氣。

其中最屬害的怪獸，就是憤怒龍。
牠會噴火、破壞城市、欺負人，
簡直是為所欲為。

憤怒龍為什麼會這麼失控呢？
我們來看看牠的感受。

哇……

我有時候也會變得像憤怒龍一樣。

我不是
故意的……

例如，

媽媽生氣的時候。

這_{ㄓㄜˋ}時_{ㄕˊ}，
我_{ㄨㄛˇ}就_{ㄐㄧㄡˋ}會_{ㄏㄨㄟˋ}覺_{ㄐㄩㄝˊ}得_{ㄉㄜˊ}好_{ㄏㄠˇ}煩_{ㄈㄢˊ}、 好_{ㄏㄠˇ}煩_{ㄈㄢˊ}，
想_{ㄒㄧㄤˇ}要_{ㄧㄠˋ}發_{ㄈㄚ}洩_{ㄒㄧㄝˋ}一_ㄧ下_{ㄒㄧㄚˋ}。

踩_{ㄘㄞˇ}！ 踩_{ㄘㄞˇ}！ 踩_{ㄘㄞˇ}！

或是跟朋友吵架的時候。

當我的心情變得煩躁，
就會對不認識的人
大發脾氣。

啊！ 啊！ 光是想起來， 就覺得好煩啊！
我全身上下都充滿了厭煩的感覺 ……

．．．．．．

盯著看……

我ㄨㄛˇ的ㄉㄜ感ㄍㄢˇ覺ㄐㄩㄝˋ，
就ㄐㄧㄡˋ跟ㄍㄣ憤ㄈㄣˋ怒ㄋㄨˋ龍ㄌㄨㄥˊ
一ㄧˋ模ㄇㄛˊ一ㄧˊ樣ㄧㄤˋ！

「嘿ㄟ！嘿ㄟ！你ㄋㄧˇ怎ㄗㄣˇ麼˙ㄇㄜ了˙ㄌㄜ？」

輕聲……

「你為什麼要噴火呢？」

「你好煩！吵死了！別管我！」

我的煩躁心情，
沒有辦法平靜下來。

「遇到這種情況，
有一些神奇的方法很有用唷！」

「咦？」

神奇的方法 1

覺得好煩、心情無法平靜時，
請閉上眼睛，
慢慢吸一口氣到肚子裡，
然後從嘴巴吐氣……

深呼吸

呼——

神ㄕㄣˊ奇ㄑㄧˊ的ㄉㄜ˙方ㄈㄤ法ㄈㄚˇ 2

蹦ㄅㄥ蹦ㄅㄥˋ、 跳ㄊㄧㄠˋ跳ㄊㄧㄠˋ、

　蹦ㄅㄥ蹦ㄅㄥˋ、 跳ㄊㄧㄠˋ跳ㄊㄧㄠˋ、

　　跳ㄊㄧㄠˋ——跳ㄊㄧㄠˋ

唉呀呀呀！

神奇的方法 3

像握拳一樣雙手握緊、張開，
比出「石頭、布，石頭、布」的手勢。
把心煩的事情捏碎

石頭

布

……像這樣嗎？

神奇的方法 4

試著說出能讓自己
安心的話

「沒關係！」

6 ‼

「你ㄋㄧˇ看ㄎㄢˋ不ㄅㄨˋ見ㄐㄧㄢˋ了ㄌㄜ˙！」

1 2 3 4 5..

好奇怪！
好煩、好煩的感覺剛剛還在，
現在到哪裡去了呢？

有一天，
我看到小女孩
被人欺負，

我ㄨㄛˇ無ㄨˊ法ㄈㄚˇ讓ㄖㄤˋ自ㄗˋ己ㄐㄧˇ的ㄉㄜ˙憤ㄈㄣˋ怒ㄋㄨˋ情ㄑㄧㄥˊ緒ㄒㄩˋ
平ㄆㄧㄥˊ靜ㄐㄧㄥˋ下ㄒㄧㄚˋ來ㄌㄞˊ。

我生氣到受不了，
就噴出了好高、好高的火焰，
把那些欺負人的傢伙嚇跑了。

然後，
我覺得好討厭生氣的自己喔！

那個時候，你對我這麼說。

生_{ㄕㄥ}氣_{ㄑㄧˋ}不_{ㄅㄨˊ}一_ㄧ定_{ㄉㄧㄥˋ}是_{ㄕˋ}壞_{ㄏㄨㄞˋ}事_{ㄕˋ}唷_{ㄧㄛ}！

生氣的行為，
可以保護某個人。

生氣的感受，
也可以轉換成
努力的力量。

「 生氣 」是每個人
都會有的情緒。

可是，
如果你不想變成
憤怒龍的話，
要記得 3 個原則！

生氣時的原則

① 不可以傷害別人

② 不可以傷害自己

③ 不可以破壞東西

如果無法馬上做到，也沒有關係。

你可以慢慢練習，學會控制。

我要
和小女孩一起，
跟大家分享這
5 個神奇的方法，
和 3 個生氣時的原則。

有_{ㄧㄡˇ}了_{ㄌㄜ}這_{ㄓㄜˋ}些_{ㄒㄧㄝ}方_{ㄈㄤ}法_{ㄈㄚˇ}， 每_{ㄇㄟˇ}天_{ㄊㄧㄢ}就_{ㄐㄧㄡˋ}可_{ㄎㄜˇ}以_{ㄧˇ}平_{ㄆㄧㄥˊ}心_{ㄒㄧㄣ}靜_{ㄐㄧㄥˋ}氣_{ㄑㄧˋ}嘍_{ㄌㄡ}！

成為
能夠管理情緒的大人

　　憤怒管理（Anger Management）在美國被認為是心理教育或心理訓練的課程之一。說是教育或訓練，意味著只要了解正確的觀念，並且反覆練習，任何人都可以學會管理情緒的能力。這就像運動或學習樂器、語言一樣，越早開始，就能夠學得越好。

　　為什麼要從孩童時期就開始學習憤怒管理呢？如果我們能夠好好的面對憤怒的情緒，與之和平相處，就不會因為自己的憤怒，而阻礙了自我發展的可能性。

　　我就有這樣的經驗，小時候，因為自己真正想要做的事情，不被爸媽或老師所理解接受，甚至受到責罵，因而悶悶不樂，覺得很討厭，索性就放棄了。這真是很可惜的事。

　　「憤怒」在人生中，原本是可以作為奮發向上的利器；只是因為它非常有爆發力，所以也是最容易產生問題的一種情緒。如果學會了憤怒管理，不輸給憤怒的情緒，反而能善用憤怒而成長，今後的人生中，即便遇到種種問題，也能夠順利跨越障礙。

　　憤怒是我們生而無法避免的情緒，若能善用，就可以把它當作讓人生更豐富的強力夥伴。

日本憤怒管理協會

代表理事　**安藤俊介**

文・圖｜**紡爸爸 tsumupapa**

在日本育兒階段的世代中具有超高人氣的作家，以悠閒的插畫風格記錄與 5 歲女兒紡和 2 歲兒子埜的育兒日記，以及一家四口的日常生活，並發表於社群網站，IG 粉絲累積有 74 萬人（2022 年 5 月）。除了漫畫散文集《你喜歡爸爸嗎？》（暫譯），也活躍於與企業合作的商品企畫、商場展覽與工作坊等。插畫作品廣泛的商品化，被做成 T 恤、抱枕、餐具等多種商品。

個人網站：https://tsumupapa.tokyo

專為臺灣讀者設立的中文版 IG：@tsumupapa_taiwan

監修｜**日本憤怒管理協會**（代表理事／安藤俊介）

致力於「憤怒管理」的推動，幫助現代人理解並應對憤怒情緒，擺脫憤怒情緒傳播的惡性循環。代表理事安藤俊介是日本憤怒管理領域的權威與善用憤怒情緒的專家，活躍於教育現場與民間企業，常受邀舉行演講、企業研修、講座、實作工作坊等。著作有《小學生的煩惱 1：控制不住怒氣怎麼辦？》（小熊出版）、《好好生氣，不懷悔的技術》（方言文化），以及《憤怒也好，生氣也可以》和《輸給怒氣的人；活用怒氣的人》（方舟文化）等多本著作。

翻譯｜**游珮芸**

1967 年出生於臺北，畢業於臺灣大學外文系，後至日本留學，取得日本國立御茶水女子大學兒童文學碩士、人文科學博士。現任教於臺東大學兒童文學研究所，致力於兒童文學、兒童文化研究、繪本與動畫研究，並從事兒童文學的翻譯與評論。翻譯的繪本眾多，在小熊出版的有《跑跑跑，我還要跑》、《遇到選擇時，你會怎麼做？》、《蛀牙蟲家族大搬家》、《最幸福的禮物》等，深受讀者喜愛。

精選圖畫書

趕走生氣怪獸 孩子的情緒管理繪本

文・圖／紡爸爸 tsumupapa　翻譯／游珮芸

總編輯：鄭如瑤｜主編：施穎芳｜特約編輯：邱孟嫻｜美術編輯：吳銘裕｜行銷副理：塗幸儀｜行銷助理：龔乙桐
出版與發行：小熊出版・遠足文化事業股份有限公司｜地址：231 新北市新店區民權路 108-3 號 6 樓
電話：02-22181417｜傳真：02-86672166｜劃撥帳號：19504465｜戶名：遠足文化事業股份有限公司
Facebook：小熊出版｜E-mail：littlebear@bookrep.com.tw

讀書共和國出版集團
社長：郭重興｜發行人：曾大福
業務平臺總經理：李雪麗｜業務平臺副總經理：李復民
實體暨網路通路組：林詩富、郭文弘、賴佩瑜、王文賓、周宥騰、范光杰
海外通路組：張鑫峰、林裴瑤｜特販通路組：陳綺瑩、郭文龍｜印務部：江域平、黃禮賢、李孟儒
讀書共和國出版集團網路書店：www.bookrep.com.tw｜客服專線：0800-221029
客服信箱：service@bookrep.com.tw 團體訂購請洽業務部：02-22181417 分機 1124

法律顧問：華洋法律事務所／蘇文生律師
印製：凱林彩印股份有限公司｜初版一刷：2022 年 8 月｜初版五刷：2023年5月｜定價：320 元
ISBN：978-626-7140-58-1｜書號：0BTP1130

小熊出版 FB 專頁　小熊出版官方網頁

國家圖書館出版品預行編目 (CIP) 資料

趕走生氣怪獸 / 紡爸爸 tsumupapa 文．圖；游珮芸翻譯．
-- 初版 -- 新北市：小熊出版：遠足文化事業股份有限公司發行, 2022.08
36面；21 x 21 公分. --（精選圖畫書）
譯自：いらいら ばいばい
ISBN 978-626-7140-58-1（精裝）

1.CST: 情緒管理 2.CST: 學前教育 3.CST: 繪本 4.SHTB: 情緒經驗 --3-6 歲幼兒讀物

523.2　　　　　　　　111010712